LEGEA LUI PARKINSON

Gestionați timpul și creșteți productivitatea

LEGEA LUI PARKINSON

Gestionați timpul și creșteți productivitatea

scris de Pierre Pichère
tradus de Alina Dobre

50MINUTES.com

LEGEA LUI PARKINSON

INFORMAȚII CHEIE

- **Numele:** Legea lui Parkinson.

- **Utilizări:** management public, administrație, servicii publice, managementul resurselor umane.

- **De ce are succes?** Este o teorie plină de umor, dar foarte convingătoare, despre tendința administrației de a crește, indiferent de volumul de muncă necesar.

- **Cuvinte cheie:** funcționar public, administrație, timp de lucru, management public, birocrație.

INTRODUCERE

Distrugând ideile tradiționale privind timpul de lucru, Legea lui Parkinson subliniază cu umor funcționarea administrației birocratice în a doua jumătate a secolului XX.

Plin de umor britanic și dintr-o perioadă în care efectele perverse ale birocrației erau condamnate (gândiți-vă la celebrul roman *1984 al lui* George Orwell, publicat în 1949), Cyril Northcote Parkinson (1909-1993), un istoric britanic, a publicat în 1955 un articol în care prezenta Legea lui Parkinson. Legea afirmă că volumul de personal din administrația publică crește cu o anumită rată (produsă de o formulă matematică imaginativă), indiferent de volumul de muncă care trebuie făcut.

👁 Definiția conceptului

Legea lui Parkinson se bazează pe trei afirmații:

o persoană care are o treabă de făcut va folosi tot timpul disponibil pentru a o termina;

angajații preferă întotdeauna să aibă un subordonat decât un rival;

angajații își creează reciproc munca.

Aceste trei afirmații explică tendința naturală de a crește numărul de angajați. Deși este în mare parte umoristică, Legea lui Parkinson are avantajul de a explica în mod inteligibil dezvoltarea birocrației.

TEORIE

Statul asigură sarcini pentru puterile publice (justiție, poliție, diplomație etc.). În plus față de această funcție istorică, de-a lungul secolului al XX-lea, au fost dezvoltate prestații sociale pentru a asigura educația, asistența medicală, acoperirea sănătății și pensiile. Deși această a doua dimensiune funcționează diferit de la o națiune la alta, ea se regăsește peste tot în Europa, cunoscută sub numele de "stat social".

Pentru a conduce această operațiune vastă, este nevoie de agenți, numiți funcționari publici. În Franța, de exemplu, aceasta se referă la membrii celor trei administrații publice (de stat, spitalicească și teritorială), dar mai general se referă, într-un sens nejuridic, la funcționarii publici. Această nuanță este necesară pentru a înțelege domeniul de aplicare al Legii Parkinson, creată de un autor britanic, deoarece termenul "funcționar public" este înțeles diferit în alte țări.

PERSONALUL DIN CELE TREI ADMINISTRAȚII PUBLICE DIN FRANȚA

În 2013, Franța a angajat 2,3 milioane de funcționari publici, 1,14 milioane de funcționari din spitale și 1,8 milioane de funcționari teritoriali, ceea ce face un total de 5,24 milioane de persoane. Aceste cifre includ proprietarii și contractorii.

Adoptând o abordare economică, trebuie să includem și angajații din structurile private finanțate din fonduri publice pentru servicii publice. Totalul se ridică astfel la aproximativ 6 milioane de persoane, ceea ce reprezintă aproximativ 25% din locurile de muncă salariate din Franța.

În mod instinctiv, rațiunea dictează ca autoritățile publice să angajeze agenți pentru sarcinile pe care intenționează să le încredințeze. În mod logic, creșterea numărului de personal ar trebui să corespundă unei creșteri a domeniului de acțiune al autorității publice în cauză. Legea Parkinson a fost creată pentru a contracara această idee.

În articolul publicat în 1955 în renumita revistă *The Economist*, Cyril Northcote Parkinson a construit un raționament exact invers. Potrivit acestuia, creșterea numărului de funcționari publici este de aproximativ 5,7% în fiecare an, indiferent de volumul de muncă acordat membrilor personalului.

Argumentul lui Parkinson alternează între date serioase și o dorință evidentă de a amuza cititorul. În prefața scrisă pentru ediția franceză a unei cărți despre Legea lui Parkinson, publicată la începutul anilor 1980, marele economist și demograf Alfred Sauvy (1898-1990) îi citează și el pe Raymond Devos (umorist francez, 1922-2006) și pe Jacques Tati (scenarist și actor francez, 1907-1982) cu mai multă plăcere decât pe economiștii clasici britanici Adam Smith (1723-1790) și David Ricardo (1772-1823) și îl plasează pe Parkinson printre cei mai mari fantezişti ai vremii. Cu toate acestea, această fantezie este mai degrabă o demonstraţie a umorului britanic decât o concluzie în sine şi a devenit o referinţă clasică în domeniul managementului public.

Ca punct de plecare al raţionamentului său, Cyril Northcote Parkinson arată că, cu cât un individ are mai mult timp la dispoziţie pentru a îndeplini o sarcină, cu atât mai mult îi va lua mai mult timp pentru a o finaliza. El ilustrează acest lucru cu exemplul unei femei în vârstă şi al unui tânăr care trebuie să trimită fiecare câte o carte poştală. Alegerea felicitării, scrierea textului, ştampilarea felicitării şi expedierea acesteia prin poştă: toate aceste operaţiuni vor dura cu siguranţă o zi întreagă pentru persoana care nu are nimic altceva de făcut cu ziua sa, chiar dacă sarcina nu va dura mai mult de o jumătate de oră pentru o persoană foarte ocupată. Prin urmare, nu există nicio corelaţie între cantitatea de muncă necesară şi personalul ales pentru a efectua această muncă: acesta este principiul eficienţei.

Legea lui Parkinson se bazează pe alte două afirmaţii:

- **Angajaţii statului preferă întotdeauna să aibă un subordonat decât un rival.** Această afirmaţie este demonstrată în articolul lui Parkinson. Dacă un funcţionar public consideră – pe bună dreptate sau nu – că are prea mult de lucru, are la dispoziţie trei opţiuni:

    ○ să părăsească postul;

    ○ să solicite angajarea unui alt angajat;

○ cereți un subordonat.

Din motive legate de cariera sa și de potențiale promovări, va prefera un subordonat decât un coleg care ar fi considerat un rival. De asemenea, pentru a se asigura că nu apare o rivalitate între el și subordonatul său, va prefera să angajeze doi subalterni. Aceeași problemă va apărea câțiva ani mai târziu cu ambele noi angajări, astfel încât, în scurt timp, cinci persoane vor lucra acolo, în loc de o singură persoană care lucra acolo cu puțin timp înainte.

- **Funcționarii publici își creează reciproc locuri de muncă.** Creșterea numărului de personal duce la proceduri birocratice mai greoaie, justificând ulterior decizia de angajare. Dacă angajatul are mult de lucru după ce a recrutat doi subordonați, înseamnă că a fost copleșit înainte. Dar, potrivit lui Parkinson, o parte semnificativă a volumului său de muncă provine de la noii săi recruți, deoarece acum există mult mai multe etape de validare.

Pornind de la aceste două tendințe, Parkinson a format legea căreia i-a dat numele și pe care o exprimă printr-o formulă matematică:

$$(2k^m + l) / n$$

- k reprezintă numărul de salariați care caută să avanseze prin numirea unor subalterni care să-i ajute;

- l reprezintă diferența dintre vârsta de numire și vârsta de pensionare;

- m reprezintă numărul de ore dedicate răspunsului la memo-uri în cadrul departamentului;

- n reprezintă numărul de noi angajaţi necesari în fiecare an.

Pentru a afla rata de creştere, produsul se înmulţeşte cu 100 înainte de a fi împărţit la totalul pentru anul precedent (notat yn), ceea ce dă:

$$100(2k^m + p) / yn$$

Legea lui Parkinson stabileşte că această rată este cuprinsă între 5,17% şi 6,56%, indiferent de orice variaţie a volumului de muncă implicat.

LIMITĂRI ŞI EXTINDERI

Care este domeniul de aplicare a Legii Parkinson? Apariţia ştiinţifică a teoriei accentuează caracterul său provocator. Cu toate acestea, deşi se doreşte a fi umoristică, ea este totuşi utilizată în reflecţiile asupra birocraţiei şi a efectelor sale negative.

LIMITĂRI ŞI CRITICI

Cuantificarea şi rata de creştere

Slăbiciunea metodologică a legii create de Parkinson este uşor de identificat, deoarece majoritatea valorilor ecuaţiei nu pot fi determinate. Cum putem cuantifica efectiv funcţionarii publici care doresc să fie promovaţi? Acest lucru ar necesita un instrument de citire a minţii, pe care statul nu îl are încă. În mod similar, măsurarea numărului de ore petrecute răspunzând la memo-uri este o idee frumoasă, dar ar însemna să se facă o triere între răspunsurile utile şi productive şi cele de care serviciul public s-ar putea lipsi.

Prin urmare, rezultatul ecuaţiei, o rată de creştere între 5,17% şi 6,56%, nu ar trebui să fie luat ca atare. Într-un articol publicat la aproximativ 20 de ani de la introducerea legii sale, Parkinson a încercat să demonstreze că aceasta funcţionează. Studiind personalul din administraţia publică britanică, el însuşi a recunoscut slăbiciunea bazei statistice pe care îşi construise raţionamentul.

Cu toate acestea, a concluzionat validitatea legii analizând personalul unor autorități britanice, în special al Ministerului Apărării. Cu toate acestea, acest articol a avut din nou o puternică dimensiune satirică, încurajând oamenii să râdă de el.

Prin urmare, ar trebui să reținem în primul rând logica legii lui Parkinson, fără a ne concentra prea mult asupra formulei matematice, a cărei intenție este probabil mai mult umoristică decât științifică. Prin urmare, să analizăm principalele lucruri pe care le putem învăța de la Parkinson:

- Timpul de execuție a unei sarcini tinde să ajungă la timpul efectiv disponibil pentru finalizarea lucrării.

- Într-un sistem birocratic, forța de muncă tinde să crească rapid, datorită strategiilor de avansare a angajaților actuali, dar și datorită numărului mai mare de proceduri care justifică creșterea numărului de persoane legate de o sarcină. Acest impuls spre creșterea numărului de funcționari publici duce la un impas economic. De fapt, aceste posturi sunt finanțate prin debite directe obligatorii, care, prin urmare, urmează o tendință ascendentă, atingând un prag care sufocă sistemul economic.

Inaplicabilitatea la întreprindere și necunoașterea managementului

Legea lui Parkinson nu ar putea fi aplicată unei companii care urmează constrângerile de productivitate și creșterea variației de angajare. Dimpotrivă, această companie va avea tendința de a-și reduce forța de muncă, mai degrabă decât de a o crește. Deși, în realitate, Legea lui Parkinson nu corespunde tehnicilor din domeniul managementului și al resurselor umane. Aceste tehnici acționează pentru a motiva echipele în vederea creșterii productivității și, prin urmare, luptă împotriva tendinței de a crește timpul necesar pentru a finaliza o anumită sarcină.

MODELE ȘI EXTENSII CONEXE

Legea lui Parkinson este celebră și astăzi. Prin urmare, ne putem apropia de alte legi sau principii care, pentru unii, folosesc o terminologie actuală și ale căror ipoteze fac apel la cele formulate de Parkinson.

- În 1970, **Laurence J. Peter** (educator canadian, născut în 1941) a formulat principiul căruia i-a dat numele, Principiul Peter. Atunci când angajații competenți sunt promovați într-o poziție superioară, va veni întotdeauna un moment în care posturile dintr-o companie (în special la nivel de conducere) vor fi ocupate de angajați incompetenți. Acest principiu este similar cu legea lui Parkinson, în sensul că se referă la promovarea funcționarilor publici.

- În 1975, **Frederick Brooks** (inginer informatician și profesor universitar, născut în 1931) a publicat o carte intitulată *The Mythical Man-Month*. El explică modul în care adăugarea de personal la un proiect care este deja întârziat nu va face decât să crească întârzierea finală. El critică unitatea de măsură frecvent utilizată în managementul proiectelor, și anume omul-lună, adică volumul de muncă efectuat de o persoană într-o lună. Cu toate acestea, acest volum depinde în mare măsură de organizarea generală a proiectului, de condițiile de lucru etc. Această concluzie are puncte comune cu explicația lui Parkinson privind extinderea muncii pentru a umple volumul de timp disponibil pentru a o realiza. Această abordare a fost, de asemenea, comparată cu unele dintre legile privind expansiunea gazelor, dar această paralelă este mai degrabă o comparație decât o asemănare.

- Considerându-l pe Parkinson ca un scriitor despre ceva între umor și economie, îl putem compara și cu **Auguste Detoeuf** (industriaș și scriitor, 1883-1947). Autor al mai multor colecții de ziceri și gânduri, acesta a studiat la École Polytechnique, urmând apoi să fondeze compania *Alsthom*. Textele sale sunt pline de reflecții din lumea afacerilor, cu mai multe referiri la timp și la modul cel mai bun de a-l folosi. Aceste gânduri pline de umor sunt adesea similare abordării Legii lui Parkinson privind extinderea timpului necesar pentru a îndeplini o anumită sarcină.

În lumea științelor sociale, încă de la începutul secolului al XX-lea, mai mulți autori au studiat efectele birocrației, ajungând la concluzii similare cu cele stabilite de Cyril Northcote Parkinson. Trei dintre ei merită să fie menționați aici.

- Potrivit lui **Max Weber** (sociolog german, 1864-1920), apariția capitalismului duce la un nou tip de autoritate. În timp ce societățile feudale care se bazează pe autoritatea personală și regimurile despotice (cum ar fi bonapartismul) se bazează pe autoritatea carismatică, capitalismul generează obediența față de regulă, așa-numita autoritate rațională. O persoană deține controlul în funcție de poziția pe care o ocupă în ierarhie și de puterile care sunt asociate cu această poziție. A apărut apoi termenul de "birocrație", folosit de Max Weber, fără conotații peiorative, pentru a descrie rolul tot mai mare al administrației de stat și al companiilor în societățile moderne. Dimpotrivă, el consideră că birocrația este cea mai de succes formă socială, deoarece se bazează pe statul de drept și îi ajută pe cei implicați în sarcini să supraviețuiască.

- Abordarea lui **Ludwig van Mises** (economist american de origine austriacă, 1881-1973) este mult mai critică. În 1944, el a denunțat, în lucrarea *Birocrația*, ponderea tot mai mare a administrațiilor publice în economiile contemporane și obstacolul pe care acestea îl reprezintă pentru creșterea activității economice. Este posibil ca acest text să îl fi inspirat pe Parkinson care, pretinzând că a elaborat o regulă care explică rata de creștere a numărului de funcționari publici, era preocupat de momentul în care această categorie va reprezenta întreaga forță de muncă.

- De-a lungul acestor cercetări, sociologul francez **Michel Crozier** (1922-2013) a demonstrat cum funcționarii dintr-un sistem birocratic se eliberează treptat de reguli pentru a dezvolta un spațiu de libertate. Aceste cercetări pot explica de ce angajaților din marile organizații le-ar lua din ce în ce mai mult timp pentru a-şi finaliza munca, stabilind astfel condiţiile pentru angajarea de noi agenţi, aşa cum a descris Parkinson.

Începând cu anii '70, teoria noului management public a fost preocupată de managementul administraţiei publice, căutând metode de modernizare inspirate în mare măsură din managementul companiilor private. Tratarea utilizatorilor ca şi clienţi presupune dezvoltarea unor agenţii eficiente care să distribuie serviciile, guvernul central limitându-se la a stabili liniile directoare. Această abordare, larg acceptată, dar şi adesea criticată, încearcă să depăşească birocraţia şi particularităţile acesteia.

APLICAȚIE PRACTICĂ

Fie că este vorba de mari companii private sau de administrații publice, managerii încearcă să creeze instrumente pentru a combate tendințele de bază identificate de Parkinson.

Cu toate acestea, în administrația publică, aceste mijloace sunt adesea mai limitate decât în sectorul privat. Statutul funcționarilor limitează competențele ierarhice: aceștia pot fi concediați doar în circumstanțe excepționale, iar definirea salariilor ține rareori cont de elementele obiective ale performanței. În toate țările occidentale, evoluțiile recente au condus la o îmbunătățire a eficienței administrației publice, cu următoarele obiective:

- un control mai strâns al funcționarilor și, astfel, limitarea efectului de extindere a timpului de lucru;

- simplificarea procedurilor administrative prin contracararea tendințelor birocratice;

- în sfârșit, limitarea creșterii forței de muncă în serviciile publice, inclusiv încercarea de a reduce numărul de funcționari publici, mergând împotriva previziunilor lui Parkinson privind creșterea inevitabilă a numărului de funcționari de stat la o anumită viteză.

SFATURI ȘI SFATURI DE TOP

Gestionarea obiectivelor

Multe țări au implementat managementul prin obiective. Până la începutul anilor '90, bugetele naționale includeau rareori legătura dintre obiective și mijloace. În majoritatea statelor membre ale OCDE (Organizația pentru Cooperare și Dezvoltare Economică), aceste proceduri au fost apoi dezvoltate treptat. În Franța, de exemplu, legea organică referitoare la legile financiare (LOLF), adoptată în 2001 și intrată în vigoare în 2006, se înscrie în această mișcare. Aceasta planifică bugetele naționale pe programe, cu o capacitate consolidată de verificare a performanței acestora. Prin urmare, aceasta este concepută pentru a aloca resursele în vederea atingerii obiectivelor stabilite de autoritățile publice, sub supravegherea Parlamentului. Aceste noi proceduri tind să organizeze mai bine activitatea administrației publice și a angajaților săi și, prin urmare, să lupte împotriva efectelor negative ale birocrației, analizate de Parkinson. Este necesar să se stabilească un număr limitat de obiective clare, astfel încât acestea să nu se contrazică între ele.

Elaborarea de stimulente și controale

În sprijinul acestui management prin obiective la nivel național, implicarea funcționarilor publici a făcut obiectul a numeroase experimente. Încurajarea lucrătorilor să fie mai eficienți și consolidarea controalelor sunt două fețe ale aceleiași întrebări: cum poate fi îmbunătățită productivitatea serviciilor publice?

Danemarca, de exemplu, a dezvoltat un sistem de remunerare contractuală pentru funcționarii publici, cu scopul ca ponderea remunerației legate de performanță să ajungă la 20% din salariu. Această evaluare se realizează prin intermediul unui dialog între angajat și superiorul ierarhic, supravegheat de un reprezentant sindical. O reevaluare recentă a acestei politici stabilite în urmă cu 20 de ani arată o mai mare acceptare a obiectivelor de performanță atunci când o parte din salariu depinde de acestea, deoarece angajatul înțelege și își însușește indicatorii și metodele de evaluare. Alte țări au ales să facă să evolueze salariile managerilor publici, cei care gestionează servicii și agenții și care primesc prime sau promovări în funcție de succesul echipelor lor.

Este încă necesară elaborarea unor indicatori de performanță relevanți. Aceștia trebuie să corespundă obiectivelor de serviciu public, fără a fi pur contabilizabili. Ar fi dificil să se măsoare performanța unui polițist pe baza numărului de amenzi emise sau de arestări. Dar cum poate fi evaluată activitatea sa în domeniul prevenirii criminalității? Cum putem măsura evenimente care nu s-au întâmplat? În plus, în toate sectoarele, private sau publice, orice evaluare implică un risc de deturnare din partea celor care fac obiectul ei. Participanții vor adopta atitudini susceptibile de a îmbunătăți indicatorii, în detrimentul altor aspecte ale activității lor, la fel de esențiale, dar mai puțin ușor de măsurat prin indicatori. Stabilirea măsurilor de performanță, pentru a controla treptat performanța în funcție de obiectivele stabilite, necesită prudență și o analiză atentă.

În cele din urmă, stimulentele și controalele pot fi îngreunate de statutul de serviciu public. În țările cu sisteme de carieră, inamovibilitatea funcționarilor publici numiți în funcții statutare poate împiedica instituirea unei adevărate structuri de stimulente individuale și colective.

 ## SISTEME DE CARIERĂ ȘI SISTEME DE POZIȚII

Există două tipuri de organizare în serviciile publice.

În sistemele de carieră, angajații intră în serviciul public în urma unui examen sau a unui concurs. Aceștia sunt supuși unei organizări ierarhice, în cadrul căreia progresul este legat de punctele obținute în urma vechimii și a clasării. Securitatea locului de muncă este, în general, garantată.

În schimb, sistemele de poziții fac apel la o persoană care este considerată cea mai calificată pentru o funcție, chiar dacă aceasta nu aparține serviciilor publice. Mai flexibil, acest sistem este mai apropiat de piața privată a muncii.

Rețineți că, în Franța, cele două sisteme coexistă. Funcția publică se încadrează în sistemul de carieră, în timp ce consiliile locale funcționează mai degrabă ca piața privată a muncii, cu funcționari, dar și cu angajați din exterior pentru ocuparea unor posturi cu contract temporar.

Reducerea dimensiunii

Legea lui Parkinson a fost creată în anii 1950, o perioadă de creștere puternică în economii relativ închise, în care nici ponderea cheltuielilor publice, nici concurența dintre sistemele fiscale nu erau încă un motiv de dezbatere. De atunci, situația s-a schimbat. Bugetele publice, în special după criza financiară din 2008, au fost înăsprite; statele europene doresc să controleze cheltuielile. Măsuri semnificative de stabilizare, chiar și reduceri ale forței de muncă publice, au fost inițiate încă de la începutul anilor 1990. Cifrele OCDE sugerează o relativă stabilitate a numărului de funcționari în majoritatea statelor membre ale acestei organizații între 1991 și 2001. Doar Luxemburgul prezintă o creștere medie de 4% pe an. Franța nu a făcut parte din această anchetă.

Au fost puse în aplicare mai multe strategii:

- Privatizările întreprinse începând cu anii '90 în multe țări au dus la o schimbare de statut pentru funcționarii publici sau pentru cei nou angajați. Această reducere a intervenției statului a fost observată în Franța, de exemplu, odată cu privatizarea unor companii mari precum France Telecom. Funcționarii de la Ministerul Poștei și Telecomunicațiilor au fost înlocuiți treptat cu angajați privați de la compania France Telecom (acum Orange), iar statul deține acum doar o mică parte din capital.

- Multe țări încearcă de mai mulți ani să limiteze forța de muncă din sectorul public. Politicile de neînlocuire a agenților, de pensionare și de angajare au dus la stagnarea sau chiar la o ușoară scădere a numărului de funcționari publici.

- Unele state au contrazis în mod mai evident Legea lui Parkinson, aplicând o politică mai brutală de scădere vizibilă a numărului de funcționari de stat. În Germania, în anii 1990, statul s-a separat de unii funcționari în urma reunificării țării.

Politicile de descentralizare au creat iluzia unor scăderi semnificative. Astfel, potrivit datelor Curții de Conturi, funcționarii publici au rămas stabili în serviciile publice de stat între 2000 și 2007, o premieră pentru țări precum Franța, foarte atașată de intervenția publică. Dar, în același timp, numărul angajaților din consiliile locale a crescut cu 400 000, ca urmare a măsurilor succesive de descentralizare care au transferat noi responsabilități către autoritățile locale, printre care se numără și personalul tehnic însărcinat cu colegiile (consiliile generale) și liceele (consiliile regionale). Prin urmare, este vorba mai degrabă de o operațiune de tip "pat de apă" decât de o adevărată politică de stabilizare a funcționarilor publici.

STUDIU DE CAZ – ADMINISTRAȚIA PUBLICĂ BELGIANĂ

Belgia este un exemplu interesant de serviciu public bazat pe un statut rigid, cu un număr considerabil de angajați de aproximativ 840 000 de persoane la sfârșitul anului 2013. Reformele recente au încercat să inverseze tendința de creștere constantă a numărului de angajați descrisă de Parkinson. Este o modalitate de a răspunde la criza economică, dar și de a reveni după erodarea încrederii dintre guvern și cetățeni. În timp ce statul federal a depus eforturi, federalizarea progresivă a țării a determinat regiunile și comunitățile să își dezvolte personalul pentru a prelua noi sarcini, astfel încât numărul angajaților publici a continuat să crească.

MODERNIZAREA SERVICIILOR PUBLICE

În mod tradițional, funcția publică belgiană s-a caracterizat printr-o mobilitate redusă a angajaților, un sistem de carieră considerabil și o anumită rigiditate, la fel ca în cazul multor servicii publice europene. Începând cu anii '90, povara tot mai mare a datoriei publice, care a atins un nivel maxim de 137% din PIB în 1993, a determinat țara să încerce să modernizeze serviciile publice pentru a menține costurile la un nivel scăzut, îmbunătățind în același timp eficiența. Serviciile publice reprezintă aproximativ 17% din PIB-ul belgian, o rată relativ scăzută, dar la aceasta trebuie adăugat personalul din spitale, care nu este inclus în baza statistică.

La nivel federal, au fost introduse programe de formare în domeniul managementului, mobilitatea carierei și responsabilizarea liderilor pentru a crește eficiența și pentru a lupta împotriva creșterii excesive a timpului de lucru și a numărului de funcționari publici, așa cum a descris Parkinson. Regiunile și comunitățile au evoluat, de asemenea, metodele lor. În Flandra, au fost introduse mandate de șase ani pentru înalții funcționari. Funcția publică a fost reorganizată în departamente, cu delegări mari către manageri. În Valonia, a avut loc o regrupare, iar autoritatea regională a divizat și mai mult funcțiile operaționale între diferitele departamente.

ȘTIAȚI CĂ?

Funcția publică belgiană utilizează adesea personal contractual, lucrători temporari sau subcontractori pentru a îndeplini sarcini specifice, în ciuda costurilor mai ridicate ale acestora, pentru a reduce rigiditatea administrației publice. De fapt, acești colaboratori sunt mai flexibili, deoarece nu sunt numiți.

Pentru a deveni funcționari publici, candidații trebuie să treacă o serie de examene, în timp ce pentru selecția înalților funcționari, pe lângă această primă selecție, candidații trebuie să se întâlnească cu o comisie de disciplină compusă din specialiști în competențele necesare pentru posturile vacante, care sunt în general profesioniști din sectorul public și privat.

FEDERALIZAREA DOVEDEȘTE ÎN CELE DIN URMĂ TEORIA LUI PARKINSON

Guvernul federal s-a angajat, de asemenea, la o politică de reducere a personalului din serviciile publice belgiene. În cadrul angajamentelor bugetare ale țării, se iau măsuri pentru a respecta Pactul european de stabilitate și creștere, ceea ce duce la economii semnificative în cheltuielile de personal enumerate pentru anii 2010-2014. Acestea depășesc cele 300 de milioane de euro enumerate pentru 2013 și 2014.

În același timp, țara și-a sporit federalizarea, transferând multe responsabilități către autoritățile locale și regionale. Eforturile de a limita ocuparea forței de muncă în sectorul public la nivel de amânare au fost zădărnicite de creșterea numărului de servicii publice în regiuni și comunități. Ocuparea forței de muncă în sectorul federal a crescut moderat între 2000 și 2010, cu 4,5% în total (departe de cele 5-6% pe an anticipate de Parkinson). Cu toate acestea, în aceeași perioadă, a crescut cu 20,5% în comunități și provincii și cu 22,7% în regiuni. Ocuparea forței de muncă în sectorul public la toate nivelurile a crescut mai rapid decât ocuparea totală a forței de muncă între 2000 și 2010 (13,8% față de 9,2%). Incertitudinea de pe piața privată este descurajantă pentru candidații care sunt în căutarea unui loc de muncă sigur, care să le asigure stabilitate în carieră și în sarcinile lor.

Acest exemplu ilustrează dificultățile cu care se confruntă țările în ceea ce privește limitarea numărului de funcţionari publici. Moştenirea legislaţiei anterioare, pe care noile practici manageriale se străduiesc să o atenueze, aşteptările legitime ale populaţiei privind serviciile publice şi mişcarea de descentralizare sau federalizare, foarte pronunţată în Belgia, dar prezentă în multe ţări europene în care nivelul local este valorizat, toate acestea conduc la un control dificil asupra personalului – fără a mai menţiona faptul că această armă poate fi folosită pentru a lupta împotriva şomajului. Dar, într-un moment în care conturile publice sunt atent analizate de Comisia Europeană, de Curtea de Conturi şi de pieţele financiare, şi în care globalizarea exercită o presiune în jos asupra nivelului taxelor obligatorii prin crearea unei concurenţe între sistemele fiscale din ţările occidentale, această problemă apare pe agenda politică şi economică. Toate statele încearcă să limiteze previziunile lui Parkinson, cu un succes relativ.

REZUMAT

- Legea lui Parkinson prevede o creștere anuală proporțională a numărului de funcționari publici între 5,17% și 6,56%, indiferent de volumul de muncă.

- Cyril Northcote Parkinson își bazează raționamentul pe trei ipoteze:
  - un angajat al statului va folosi tot timpul disponibil pentru a-și finaliza activitatea;
  - va prefera întotdeauna să aibă subalterni în locul colegilor de muncă, pe baza logicii de avansare în carieră;
  - funcționarii publici își creează reciproc locuri de muncă.

- Legea lui Parkinson este foarte satirică, dar este în acord cu teoriile mai științifice despre birocrație.

- Atrage atenția cititorului asupra unei provocări financiare majore, dar pare să neglijeze complet aspectul gestionării resurselor umane și al eficienței.

- În prezent, serviciile publice depun eforturi considerabile, în special în domeniul resurselor umane, pentru a lupta împotriva tendinței lor naturale de creștere, pentru a controla finanțele publice și calitatea serviciilor furnizate populației.

LECTURI SUPLIMENTARE

BIBLIOGRAFIE

Demonty, B. (2013) Record de fonctionnaires en Belgique. *Le Soir*. [Online]. [Accesat la 7 iulie 2014]. Disponibil la: < http://www.lesoir.be/160948/article/actualite/belgique/2013-01-14/record-fonctionnaires-en-belgique>

OCDE. (2005) *Modernizarea guvernării: The Way Forward.* [Online]. [Accesat la 7 iulie 2014]. Disponibil la: < http:// www.oecd-ilibrary.org/governance/modernising-government_9789264010505-en>.

OCDE. (2007) *Examen de l'OCDE sur la gestion des ressources humaines dans la fonction publique: Belgia.* [Online]. [Accesat la 7 iulie 2014]. Disponibil la: < http://www.oecd.org/fr/gouvernance/emploi-public/39375860.pdf>.

OCDE. (2011) *Preésentation de l'Étude économique sur la Belgique 2011 : Trois enjeux stratégiques pour la Belgique.* [Online]. [Accesat la 7 iulie 2014]. Disponibil la: < http:// www.oecd.org/fr/belgique/etudeeconomiquedelabelgique2011.htm>.

Parkinson, C. N. (1983) *Parkinson's Laws.* Paris: Robert Laffont.

Vrem să auzim de la tine!
Lasă un comentariu despre biblioteca ta online
şi împărtăşeşte cărţile tale preferate pe reţelele de socializare!

Master ISBN: 9782808600880
Hârtie ISBN: 9782808602334
Depozit legal: D/2022/12603/234

Design digital: Primento,
partenerul digital al editurilor.